DIVERSIÓN CON COLORES

MORADO

por Anna C. Peterson

TABLA DE CONTENIDO

tadpole en español

PALABRAS A SABER

canicas

cuentas

estrella de mar

flores

uvas

vestimos

MORADO

El morado es un color.

Veo flores.

Son moradas.

Veo una estrella de mar.

Es morada.

Veo canicas.

Son moradas.

Veo uvas.

Algunas son moradas.

Veo cuentas.

Son moradas.

Vestimos de morado.

¡Qué divertido!

¡REPASEMOS!

Mira alrededor tuyo. ¿Qué más es morado?

ÍNDICE